# HUIT MOIS EN ITALIE

## 1849

PAR

le Comte RŒDERER

---

PARIS-AUTEUIL
IMPRIMERIE DES APPRENTIS-ORPHELINS. — ROUSSEL
40, Rue La Fontaine, 40

1891

# HUIT MOIS EN ITALIE
1849

# HUIT MOIS EN ITALIE

## 1849

PAR

le Comte RŒDERER

---

PARIS-AUTEUIL
IMPRIMERIE DES APPRENTIS-ORPHELINS. — ROUSSEL
40, Rue La Fontaine, 40

1891

# POUR MES ENFANTS

*Bois-Roussel, décembre 1890.*

Le 29 mai 1849, j'étais au Bois-Roussel où j'avais passé tout l'hiver avec ma mère et ma nièce âgée de deux ans (Hélène de Ferrière le Vayer, aujourd'hui comtesse de Liedekerke) quand, pour troubler cet agréable repos, vinrent en visite deux vieux niais, reliquats de 1830, qui se mirent à déplorer l'échec d'Armand Marrast et compagnie à l'assemblée législative de 1849 et à déblatérer contre la réaction. Ces intelligents personnages suivaient encore la direction de leur journal *Le Siècle*, sans s'être aperçus qu'il avait changé la couleur de son drapeau.

Bref, j'avais vingt-cinq ans, des convictions,

je trouvais que ces bonshommes étaient absurdes, et le leur dis assez vertement pour m'attirer, après leur départ, une de ces bonnes semonces de ma mère, que je n'avais jamais mieux méritée.

Comme je l'ai dit, tout en reconnaissant l'inconvenance de mon énergique sortie, je trouvais qu'elle était bien justifiée.

Mécontent de moi et de ces messieurs, je pensai qu'une petite promenade à Paris ferait une bonne diversion, et je partis de suite pour le Mesle, où je trouvai par hasard une place dans la malle-poste venant de Brest.

Le lendemain de mon arrivée à Paris, mon oncle de Corcelle, partant pour Rome que l'on croyait prise, m'emmena pour faire un voyage de six semaines en Italie.

Ce voyage a duré huit mois, pendant lesquels j'ai régulièrement écrit à votre grand'mère.

C'est à l'aide de ces lettres, qu'elle avait gardées, et de ses réponses, que je vais essayer de retracer les événements dont j'ai été témoin, et qui, pour ce motif, pourraient vous intéresser davantage.

La révolution romaine avait contraint le Saint-Père à fuir ses états en décembre 1848, et, sur les instances de M. de Corcelle, député de l'Orne, la chambre avait envoyé un corps d'armée pour rétablir son pouvoir.

M. le général Oudinot, duc de Reggio, commandant cette expédition, croyant, sur de fausses indications, que le peuple Romain l'accueillerait avec enthousiasme, donna à ses troupes l'ordre d'entrer dans Rome le 29 avril 1849. Malheureusement, Garibaldi y était arrivé la veille et avait fortifié le parti révolutionnaire.

Quand la petite armée française se présenta devant la ville, elle fut reçue à coups de canons.

Elle aurait été anéantie, si elle avait eu affaire à des ennemis plus expérimentés.

Après cet échec et cette injure infligés à la France, l'assemblée décida d'assiéger la Ville Éternelle, et M. de Corcelle fut chargé de se rendre au quartier général, devant Rome, en qualité de ministre plénipotentiaire, pour se concerter avec le duc de Reggio, sur la marche à suivre après la reddition de la ville.

Quand j'accompagnai mon oncle, il était extrêmement souffrant. La pensée de pouvoir le soigner n'a pas nui à la décision que j'ai prise de faire un beau voyage en aussi bonne compagnie.

Comte Rœderer.

# HUIT MOIS EN ITALIE
## 1849

---

Mon oncle de Corcelle, envoyé extraordinaire de la République près le Saint-Siège, s'embarqua à Toulon le 9 Juin 1849 avec le prince Henri de La Tour d'Auvergne, secrétaire d'ambassade, et son neveu le comte Rœderer, son secrétaire particulier, attaché libre.

Henri de La Tour d'Auvergne était l'aîné de deux frères qui, chacun dans sa carrière, arrivèrent aux plus hautes dignités.

Lui, devint ambassadeur à Rome et à Londres, le second général, et le dernier archevêque de Bourges, je crois même cardinal.

La Tour d'Auvergne était grand, très brun

avec de grands yeux bleus; à ses façons il était facile de reconnaître qu'il avait été élevé sur des genoux de duchesses.

Sous une apparence réservée, presque froide, se cachait un cœur très sensible, qui ne laissait rien de perdu pour le diable.

Excellent diplomate, il savait ce qu'il voulait.

Ses qualités, plutôt solides que brillantes, le préservèrent toujours de fausses manœuvres.

Nous nous étions promptement liés ; Henri était reconnaissant des instances que je faisais auprès de mon oncle pour obtenir la régularisation de sa position. M de Corcelle l'aimait beaucoup. Il écrivait ceci à son sujet à M. de Tocqueville, alors ministre des affaires étrangères.

J'attache beaucoup de prix à avoir M. de La Tour d'Auvergne comme premier secrétaire. Je suis accoutumé à lui; il est d'ailleurs sûr, sensé et très considéré dans le pays.

De mon côté, pendant la maladie que fit mon oncle à Gaëte, j'écrivais à M. de Tocqueville :

..... Permettez moi, au sujet de la santé de mon oncle, de vous soumettre une pensée dictée par mon désir de le voir se rétablir et ne plus abuser de ses forces comme il l'a fait.

Avant peu, M. de Corcelle sera mieux, et quoique faible, voudra reprendre ses occupations. Ne serait-il pas fâcheux qu'à ce moment il n'ait pas un second intelligent, agissant sous ses ordres? Il est seul avec M. de La Tour d'Auvergne qui, vous le savez, lui est fort utile, mais qui, n'ayant pas de titre officiel, ne peut lui rendre tous les services qu'il est en droit d'attendre de lui.

En signalant cette situation à M. le ministre, j'espérais être utile à l'avancement de mon ami, qui bientôt devint, à 27 ans, premier secrétaire d'ambassade à Rome.

La traversée de Toulon jusqu'à la hauteur de la Corse fut assez convenable, mais à partir de cette île une grosse mer, complice d'un furieux vent debout, nous permit d'apprécier l'instabilité du méchant petit aviso, la *Salamandre*, qui nous transportait d'une vague sous l'autre.

Après 59 heures de cette navigation tourmentée, nous quittions le 11 juin notre escarpolette pour prendre terre à Civita-Vecchia.

Le lendemain nous étions déjà au quartier général de la villa Santucci, devant Rome, où je trouvai l'aspect des troupes campées sous d'énormes pins parasols d'un effet très pittoresque, ne rappelant en rien les horreurs de la guerre.

Il fallait entendre le bruit de la canonnade pour se souvenir que l'on faisait le siège en règle de la Ville-Éternelle, dont on voulait la reddition : mais sans toutefois endommager ses monuments.

Cette sage précaution a retardé de trois semaines notre entrée à Rome.

En attendant ce grand événement, nous passions le temps soit au quartier général, soit à Civita-Vecchia où M. de Corcelle rencontrait M. le duc d'Harcourt ambassadeur près le Saint-Père à Gaëte et M. le comte de Rayneval, ambassadeur de France à Naples. Ces messieurs attendaient aussi la soumission du gouvernement romain, pour rétablir le Pape sur son trône.

Civita était à cette époque le refuge de

plusieurs Français obligés de quitter Rome au commencement du siège.

Mes rapports s'établirent avec M. Delahante, resté mon ami; M. Mangin, préfet de la police française à Rome pendant l'occupation; Mgr de Mérode; l'abbé de Geslin, etc.

M. l'amiral Tréhouart avait son pavillon sur le *Labrador*. Il avait pour aide de camp M. Gicquel des Touches, aujourd'hui amiral.

Madame Tréhouart était à bord avec ses deux filles, extrêmement jolies, l'une brune, l'autre blonde. Dans l'escadre on les appelait Mina et Brenda.

Le 3 juillet, au moment où MM. les ambassadeurs d'Harcourt et de Rayneval venaient de s'embarquer pour Gaëte, désespérant d'entrer dans la Ville-Éternelle, mon oncle est averti que le gouvernement romain fait sa soumission, et le lendemain, après quelques pourparlers, nous entrions dans la cité des Papes.

Pendant que Baudin, premier secrétaire d'ambassade à Naples, et moi escortions à pied l'état major du général Oudinot, notre ambassadeur conseillé et accompagné par Mgr de

Mérode allait à l'extrémité de la ville, avec deux gendarmes français, délivrer des prêtres détenus au fort Saint-Ange, menaçant d'arrêter le commandant du fort qui faisait des difficultés pour les mettre en liberté.

Il eût suffi de rencontrer un entêté pour faire échec et mat les deux gendarmes, l'ambassadeur et son conseiller.

Quand mon oncle revint fort tard au Palais Colonna, je me permis de lui faire des remontrances sur son équipée.

Baudin, La Tour d'Auvergne et moi avions passé par les plus vives inquiétudes, en ne le voyant plus revenir, sachant que la garnison du fort Saint-Ange n'était pas désarmée.

Le lendemain j'appris par Mgr de Mérode, que, sur le refus du commandant du fort Saint-Ange de relâcher ses prisonniers, M. de Corcelle avait dit à ses deux gendarmes :

« Empoignez-moi cet homme-là. » Et ils l'avaient fait ; cette hardiesse avait décidé le commandant à lui obéir.

Je complète ce récit en y joignant quelques fragments des lettres que j'écrivais à votre grand'mère.

*Santucci : Quartier Général, 14 juin 1849.*

Ma chère Mère,

Depuis que je vous ai écrit de Marseille, bien des choses intéressantes se sont passées.

D'abord je commence par ce point, parce que je sais combien il vous intéresse, le bulletin de nos santés est excellent.

Mon oncle est entièrement guéri, il est plein d'ardeur, l'air et la chaleur lui font beaucoup de bien.

Pendant que je vous écrivais de Marseille, La Tour faisait atteler les chevaux et nous partions pour Toulon.

Embarqués le soir même vendredi, nous sommes arrivés à Civita-Vecchia dimanche soir, après cinquante-neuf heures de traversée.

La mer était grosse et dure, le vent contraire, les passagers malades ou souffrants. Une heure à terre a suffi pour me remettre.

Après une nuit à Civita, mon oncle nous a mené coucher à moitié chemin du camp où nous sommes arrivés hier matin.

Le général a fait le meilleur accueil à votre frère. Nous sommes ici très mal installés, bien nourris, pas couchés. Mais à la guerre, comme à la guerre ; et ceci ne doit pas durer longtemps. Nous retournons à Civita attendre l'issue du combat.

La situation est celle-ci. Arrivés trop tôt pour

agir diplomatiquement, comptant la ville prise et réduits à attendre peut-être longtemps le succès de cette entreprise.

Le quartier général se trouve sur une hauteur dans la superbe campagne de Rome, sur la rive droite du Tibre.

Nous sommes hors de la portée du canon ; cependant nous voyons, du belvédère de la villa, tous les travaux du siège.

Je dis du siège, car grâce à M. de Lesseps, au temps qu'il a laissé aux assiégés pour s'approvisionner, au courage qu'il leur a donné en faisant avec eux un traité, quand il était déjà rappelé, le siège est devenu nécessaire.

La crainte de détériorer les monuments a aussi contribué à rendre plus faible l'attaque, et à ranimer l'espoir des triumvirs.

Le jour de notre visite au camp, les hostilités commencèrent sérieusement, les insurgés avaient repoussé toute espèce de conciliation. Il ont juré de s'ensevelir sous les ruines de Rome.

A mon avis, et je crois que c'est également l'avis général, il faudrait agir de suite violemment, intimider, prouver que rien ne nous arrêtera, forcer le parti opprimé dans Rome à se relever, lui montrer que rien ne peut nous contenir, ni monuments, ni hommes.

Alors ils capituleraient, comme ils ont fait, ces mêmes hommes, à Ancône, à Bologne, et devant des Autrichiens.

Je crois même que le bombardement serait un bienfait pour les monuments : ces gredins ont pillé toutes les églises. Celle de Saint-Pancrace, qui est maintenant entre nos mains, a été saccagée et souillée d'une manière indigne.

Les défenseurs de Rome sont comme nos hommes de juin 1848 ; une partie, faible il est vrai, en est composée.

Notre attaque est lente, cependant le succès est au bout, moins brillant, moins vif, mais plus sûr.

La grande étendue de terrain, le peu de troupes et surtout le manque d'artillerie ne permettent pas d'étendre avec sûreté l'attaque sur plusieurs points.

Nous occupons sur la rive droite, hors la ville, plusieurs collines ; nous battons en brèche le haut Rome, près de saint Pierre, et nous espérons y entrer aujourd'hui.

Nous barrons le Tibre et possédons sur la rive gauche la superbe église de Saint-Paul.

La cavalerie, sur ce point, intercepte toutes les communications.

Ceci est un très faible aperçu de la situation.

L'esprit des troupes est excellent, nos blessés et morts sont au nombre de 300 ; les Italiens ont perdu 4000 combattants et 300 prisonniers.

La situation est bonne, mon seul souci est de voir traîner cette affaire, qui à Paris paraissait déjà si longue à ce peuple français qui voudrait vaincre dès qu'il a vu, et ne saurait attendre.

Le bruit de nos canons continue à se faire entendre sous mes fenêtres ; un peu de patience et, Dieu aidant, nous serons les maîtres. Alors commencera l'œuvre de paix ou de guerre, qui demandera tout le calme et la haute direction de mon oncle.

L'armée est très gaie, on se croirait à une fête si le canon, de temps en temps, ne rappelait à la réalité.

Un soldat auquel je parlais des Italiens me disait : « ils sont bêtes comme des ânes ; quand ils font une sortie, ils restent la moitié sur le carreau. »

Ce brave petit soldat se plaignait de leur maladresse.

Ma chère mère, je vous quitte pour copier des dépêches.

**La véritable cause de la lenteur du siège était l'insuffisance du matériel de l'artillerie. Le général attendait des renforts ; mais les beaux esprits de Civita-Vecchia s'amusaient à dire que le général commandant le génie voulait faire un siège en règle, pour résoudre le problème en discussion depuis le siège d'Anvers, consistant à savoir s'il y a avantage, pour battre un mur en brèche, à le faire par lignes parallèles ou en losange.**

*Civita-Vecchia, 18 juin 1849*

Ma chère mère,

Je profite du bateau qui part ce matin pour vous donner de nos nouvelles.

Nous sommes revenus au camp depuis deux jours, votre frère a énormément écrit à toute heure possible. Son moral comme son physique sont dans le meilleur état.

Nous sommes fourbus, pour aujourd'hui, l'oncle surtout qui a pensé et écrit; moi qui n'ai fait que l'autre, j'ai encore le temps de vous dire quelque chose.

Nous sommes toujours devant Rome à lancer des boulets sans vigueur. On blesse régulièrement quatre de nos hommes, nous tuons vingt Italiens.

Le siège peut durer au moins aussi longtemps que celui de Troie.

Heureusement, nous recevons des nouvelles de France qui prouvent que les gens d'ordre sont encore les maîtres. Le message du Président (que j'admire), le discours de M. Barrot donnent à notre politique un caractère de franchise, de netteté qui lui manquait. La mission de mon oncle est nulle pour le moment. On ne pourra agir avec succès à Gaëte que lorsqu'on aura fait quelque chose ici; alors seulement on pourra tenter des négociations. Il faudra que de grandes libertés soient données.

Enfin, sans l'intervention française, les Autrichiens

seraient venus et nous aurions eu la guerre générale inévitablement. Peut-être l'éviterons-nous maintenant !

Les nouvelles de France vont donner du cœur au ventre à nos généraux, qui je le crois, craignant le triomphe d'un autre parti en France, n'osaient agir trop vivement de peur de se compromettre près d'un gouvernement plus radical.

Le manifeste, les ordres du ministère, des renforts arrivés vont les forcer à agir.

Nous retournerons prochainement au camp, où nous sommes complètement à l'abri des projectiles.

La santé est bonne, le cœur en train, l'esprit un peu tendu, mais tout va bien.

J'ai éprouvé la plus grande douleur en apprenant la mort du maréchal Bugeaud, cette perte est vivement sentie dans l'armée.

Je suis trop fatigué ; je vais me coucher après vous avoir embrassée de tout mon cœur.

Mon oncle avait ajouté ces mots à ma lettre :

Reçois mes tendresses, chère et bonne sœur, Pierre est d'une gentillesse vraiment filiale et m'est très utile.

L'affaire générale est très difficile : mais ma mission est honorable et ne commencera qu'après la bataille. Je t'embrasse à moitié endormi, après avoir passé la nuit à écrire des dépêches que Pierre m'a copiées. La fatigue me réussit.

*Civita-Vecchia, 22 juin 1849.*

Il ne sera pas dit, ma chère mère, que j'aurai manqué une seule occasion de vous écrire et cependant ce soir j'aimerais bien à dormir.

Demain l'*Orénoque* part pour Toulon et mon oncle écrit toujours à son ministre.

Nous allons bientôt retourner au camp, il paraît que l'on veut sérieusement en finir.

Les nouvelles de France, le triomphe du parti de l'ordre ont donné du cœur à certaines gens qui se ménageaient évidemment pour le cas d'une république plus avancée.

Je ne dis pas cela pour le général Oudinot, il est trop partisan de l'ordre et trop honorable pour cela.

Les troupes sont admirables à voir ; il y a tout espoir d'obtenir un prompt succès. Je dis prompt, c'est-à-dire peut-être dans huit jours, peut-être moins.

Je vous embrasse, etc.

*Civita, 28 juin 1849.*

Ma chère mère, nous sommes aujourd'hui le 28 juin et je n'ai pas encore reçu une seule lettre de vous.

. . . . . . . . . . . . . . . . . . . .

Nous ne sommes pas à Rome, nous avons quitté le camp et attendons ici un succès.

A tort ou à raison, je déclare que c'est notre faute si nous ne sommes pas encore les maîtres de la Ville Éternelle. Nous bravons Dieu, la fièvre, qui devrait être arrivée depuis quinze jours, la patience des soldats, celle de la majorité de l'assemblée, en retardant la prise de Rome.

Rien ne peut expliquer les ménagements que l'on prend envers des monstres lâches en rase campagne, lâches dans les rues. Pourquoi ? Pour préserver les monuments, on leur laisse le temps de les piller, de les dépouiller. Tout ceci est bien triste. L'incapacité porte ses fruits.

Les Italiens qui nous voient agir aussi mollement ne savent pas au juste ce que nous voulons. Ils nous regardent et n'osent se mettre avec nous, ignorant, avec raison, nos intentions.

A Gaëte la comparaison que l'on doit faire de notre lenteur, de nos hésitations, avec la marche et les succès croissants de l'Autriche, nous feront grand tort, du moins, je le crains, pour arriver à une solution heureuse.

Nous arrivons à Rome méthodiquement, et progressivement, comme le dit chaque jour le bulletin.

Un accident heureux, l'impatience des troupes peuvent hâter notre entrée, et c'est alors que l'on pourra déplorer les résultats de l'impatience des troupes qui depuis deux mois regardent Rome avec convoitise.

Je vous embrasse, etc.

*Rome, 5 juillet 1849.*

Ma chère mère,

J'ai enfin reçu une des lettres que vous avez dû m'adresser et je suis content de vous savoir en bonne santé. Nous sommes enfin dans la Ville Sainte, qui, grâce à Dieu, n'est nullement abîmée, comme on se plaisait à le dire.

Il y a huit jours, nous étions retournés à Civita-Vecchia, désolés, ne comptant plus jamais réussir, voyant le génie disposé à faire son siège selon les règles, sans s'occuper de l'effet moral produit en France par cette lenteur ; ne songeant ni à la fièvre qui menaçait nos troupes, ni au découragement que font naître ces retards.

Nous étions, dis-je, tranquillement à Civita, moi dormant, mangeant, maudissant les militaires, et n'ayant qu'à me promener ou à faire un whist avec nos compatriotes exilés de Rome.

Mon oncle arrivait du camp, où il était allé passer dimanche une demi-journée avec le duc d'Harcourt et n'avait fait que confirmer cette opinion.

Les travaux du siège n'avançant que méthodiquement et progressivement, on pouvait entrer du jour au lendemain, ou dans quinze jours, sauf un accident heureux. Enfin, confiant dans ces dernières nouvelles, je donne mon linge à la blanchisseuse, je me considère encore pour huit jours citoyen de Civita ; mais sur quoi compter dans ce bas monde ?

Il y avait à peine une heure que MM. d'Harcourt et de Rayneval étaient retournés à Gaëte près du Pape, que mon oncle reçoit une lettre du général Oudinot, lui annonçant que les Romains, après l'attaque du bastion n° 21 où ils ont perdu beaucoup de monde, demandent à capituler.

Nous partons immédiatement pour le quartier général où nous arrivons à minuit.

Mon oncle reste deux heures en conversation avec le général ; et j'apprends, en copiant la traduction de la proposition faite par les vaincus, que ces messieurs étaient aussi exigeants que s'ils étaient vainqueurs.

Mon oncle, d'accord avec le général, repousse leurs propositions ; et quand les députés revinrent, ils trouvèrent un nouveau projet de capitulation, qu'ils refusèrent.

On leur a donné jusqu'au soir pour réfléchir : aussi sont-ils revenus prudemment avant la nuit se rendre sans conditions, se confiant dans le libéralisme de la France.

Ceci se passait le 2 au soir, le 4 on a commencé à envoyer des troupes dans la ville, et le soir à quatre heures nous sommes entrés dans Rome, en passant par-dessus des barricades ; à pied au milieu des chevaux de l'état-major, nous escortions la marche du général comme la canaille qui suit la musique d'un régiment à Paris.

Nous avons été admirablement reçus par la population du Transtevère, le vrai peuple ; elle admirait le général Oudinot ; un homme est venu lui baiser la main.

Nous trouvions cela charmant ; lorsque nous sommes entrés dans la belle partie de la ville, nous vîmes les figures plus longues.

Aucun signe d'assentiment n'osait se manifester ; puis dans le Corso, devant le café *delle Belle Arti*, lieu de réunion des clubistes, des cris de vive la République Romaine ! vive Garibaldi ! *morto il francese!* à bas Oudinot! se firent entendre.

Sur un signe du général les grenadiers ont de suite enlevé un drapeau portant un bonnet rouge et les rubans aux trois couleurs. Nous avancions toujours.

En passant sur la place Colonna les mêmes cris furent poussés par une vingtaine d'hommes, enfin le général se fâcha, et tout l'état-major fit volte-face sur nous.

Je n'ai eu, avec Baudin, que le temps de m'esquiver pendant qu'il dispersait les séditieux.

Les soldats formant l'arrière-garde voyant le général charger, se retournent à la baïonnette et n'empoignent que les innocents : Baudin et moi, les coupables s'étant réfugiés dans les maisons.

Nous nous faisons reconnaître par le général et nous reprenons tranquillement notre route dans le Corso pour nous rendre au Palais Colonna, palais de l'ambassadeur de France à Rome.

Si, au lieu de se contenter de prendre deux des

meneurs du café des Beaux-Arts, on avait culbuté tout le café, si on avait été plus énergique, les choses seraient avancées de plus de huit jours.

Figurez-vous, ma chère mère, que nous sommes entrés dans la ville, sans conditions il est vrai, mais aussi sans avoir désarmé personne, sans avoir pris seulement possession du fort Saint-Ange.

Pendant les deux premiers jours, nous avons vécu avec tous ces hommes armés, la garde nationale romaine fonctionnant, ainsi que le triumvirat, et l'Assemblée faisant des décrets.

Grâce à l'énergie des ambassadeurs, nous possédons depuis ce matin le fort Saint-Ange. Les troupes irrégulières sont désarmées, les carabiniers revenus à notre dévotion, les clubs fermés, l'Assemblée dissoute et bientôt un nouveau conseil municipal formé.

Les principaux meneurs sont ou seront arrêtés et alors les bons citoyens, certains d'être les plus forts et protégés, sortiront de chez eux et nous serons en paix.

Quelques soldats isolés ont déjà été victimes du couteau. Les assassins pris et fusillés répondent de la tranquillité à cet égard.

Tous ces coquins, nous voyant faire un siège de deux mois et ensuite les laisser les maîtres, avec leurs vainqueurs, pendant quarante-huit heures, se croyaient en droit de continuer leur vengeance à l'intérieur.

Il n'en sera rien, Dieu merci, tout semble aller

pour le mieux. La question militaire réussit étonnamment.

Rome n'a pas souffert du siège.

Je suis allé aujourd'hui visiter le Colysée, le Forum. Mais j'étais trop fatigué pour apprécier leurs beautés.

Nous sommes en état de siège, c'est-à-dire tranquilles.

J'en profite pour voir le Panthéon, monument fort curieux, mon voisin ; le Palais Borghèse, qui renferme une magnifique collection de tableaux.

J'ai surtout remarqué le portrait de César Borgia par Raphaël, qui mérite de rester devant lui des heures entières. Profitant de quelques moments de liberté je suis allé à Saint-Pierre.

Rien au monde ne peut peindre mon impression. En entrant, je suis resté stupéfait de la grandeur, de l'harmonie de la basilique.

Qui n'a pas vu Saint-Pierre ne peut s'en faire une idée. C'est admirable.

Nos soldats, qui se promènent, la visitent et ne reviennent pas de cette immensité.

Tout y est beau, tout y est grand. Les tableaux sont des mosaïques, toutes copies des grands maîtres.

Les détails des tombeaux sont en partie de Canova, de la plus belle et de la plus pure sculpture.

Quand on aura refait un gouvernement et consulté l'esprit du pays, la question du Pape apparaîtra. Elle sera difficile à terminer heureusement.

La population bourgeoise a trop vu les abus énormes dont profitent les prêtres et surtout les monsignori, qui souvent ne sont pas ordonnés, mais portent la soutane.

Elle veut évidemment des réformes qui éloignent les membres du clergé des emplois publics et lui en permettent l'accès.

Ce que désire la bourgeoisie est plus grave que la République. C'est une révolution complète. Le Pape consentira-t-il à augmenter, quand déjà il avait beaucoup accordé ?

Voudra-t-il, au contraire, rétrograder sur ce qu'il a fait ? L'exemple des suites de son libéralisme n'est-il pas fait pour lui inspirer le désir de reprendre le pouvoir absolu ? Les conseils de l'Autriche ne le trompent-ils pas ?

En admettant les choses pour le mieux, que d'accord avec son peuple, sa Sainteté réforme l'administration ; qu'elle donne aux laïques accès aux emplois ; qu'elle fonde un gouvernement constitutionnel.

Pourra-t-elle y résister !

Voici plusieurs questions dictées par la situation présente.

Que Dieu les éclaire !

La mission diplomatique commence. Votre frère la conduira avec fermeté, courage et loyauté. Si elle doit réussir, c'est avec un homme d'un caractère aussi élevé que le sien.

Mon oncle se porte bien, il est un peu fatigué

cependant, parce qu'il a beaucoup à faire et qu'il perd beaucoup de temps avant de se mettre au travail. Mais ceci n'est rien, je le gronde quand il n'est pas agacé.

Votre fils a vu Rome et est très content de son voyage. Je suis un peu utile à mon oncle, il est très affectueux pour moi.

Nous sommes logés à la Minerve; un énorme poste est sur la place, deux gendarmes dans notre antichambre.

Je termine en vous embrassant, etc.

*Rome, 13 juillet 1849.*

Ma chère petite mère, je suis bien aise que mes lettres vous fassent plaisir. Je ne saurais trop vous dire combien les vôtres me réjouissent. J'ai reçu vos deux dernières, l'une du 30 juin, l'autre du 6 juillet.

Je vous remercie de toutes les bonnes nouvelles que vous me donnez. Je vois d'ici ma petite Mignonne se promenant, et j'éprouve, dans mes moments d'ennui, un grand regret d'avoir quitté votre bonne compagnie, pour un métier qui ne me convient nullement.

Je suis un peu de mauvaise humeur en vous écrivant; depuis ce matin je ne fais que copier de sottes lettres d'invitation pour les consuls et autres, les priant de venir demain dimanche assister à un *Te Deum* à la basilique de Saint-Pierre.

L'horizon semble s'obscurcir, la politique indécise du gouvernement, notre manque de fermeté font que les Romains, timides par état, n'osent se montrer.

Dimanche on compte sur une démonstration en faveur du Saint-Père.

Fasse le ciel qu'elle soit enthousiaste !

J'ai, comme je vous l'ai dit souvent, la crainte que le Pape, mal conseillé à Gaëte, ne puisse apprécier notre conduite, qu'il ne trouve la France faible à le servir et regrette l'Autriche ; j'ai peur que le souvenir de ses concessions passées l'empêche de comprendre que, vis-à-vis notre pays, il faut au moins qu'une bonne manifestation témoigne l'amour de son peuple pour lui, et son horreur pour les révolutionnaires.

Peut-être a-t-on mal manœuvré pour atteindre ce but ? Je ne dis pas non.

Mais à qui la faute ? Je le dis franchement, à ce parti mixte en France, qui n'ose rien faire avec énergie, ni loyauté, qui nage toujours entre deux eaux.

Ici le triumvirat est remplacé par un triumvirat français composé de mon oncle, du général Oudinot, de M. de Rayneval.

Ces Messieurs s'entendent à merveille, approuvent les actes les uns des autres, mais aucun d'eux n'a tous les pouvoirs, l'un a la pensée, l'autre l'exécution.

Chacun voit différemment, ou plutôt à un point

de vue qui ne peut être entièrement le même. Il en résulte que chacun fait une concession à son collègue, que chacun fait une nuance qui n'est pas la sienne, et que le tout devient une teinte grise qui ne satisfait personne.

Joignez à cela quelques choix regrettables, la dignité du Saint Père froissée, le chaos d'une conquête qui ne veut rien changer sans l'aveu du Pape, et qui ne le rappelle pas chez lui; un gouvernement qui n'a pas de nom, voilà la situation.

Ne parlez pas de mon impression, c'est inutile, elle m'est toute personnelle.

Mon oncle est toujours très bon pour moi. Je l'aime bien et, si je suis ennuyé, c'est que j'ai peur qu'il ne réussisse pas.

Au milieu de ces complications, il se rencontre des choses drôles.

Hier, un monsieur, un romain est allé chez le capitaine d'état-major chargé du ministère de la guerre et l'a mis dans un grand embarras, en lui disant qu'il venait faire son adhésion ; mais qu'il désirait savoir avant, à qui, à quoi, il fallait adhérer.

Le pauvre capitaine, aussi embarrassé que lui, l'a fait adhérer quand même, à tout hasard.

Je ne perds pas mon temps ; quand je n'écris pas de décrets, de dépêches ou autres choses, je sors, je cours. J'ai déjà vu plusieurs musées et villas, statues, ruines, etc.

Rome est certainement à la hauteur de sa réputation. Demain, si la manifestation réussit, nous partons pour Gaëte.

Si le Pape reçoit bien mon oncle, tout pourra s'arranger. Si non, je crois que votre frère n'insistera pas et reprendra la route de France.

Ne soyez pas alarmée, ma chère mère, par la lecture de mes impressions, vous savez que je me laisse vite entraîner par les bons mouvements et aussi par les autres. Nous avons déjà pris Rome comme par hasard, nous finirons peut-être par y faire rentrer le Pape : exprès.

Je pense souvent à vous, à ma petite Hélène et à ma sœur. Je suis désolé de voir le nouveau chef qu'on lui envoie. Mon oncle qui est un peu de cette coterie trouve ce choix excellent. Je ne parle jamais politique et vous savez que je fais bien...

Voulez-vous dire à Grenet de m'écrire longuement sur mes chevaux, chats et chiens. Je suis content de savoir que son ânesse soit aussi bienfaisante pour lui. Je m'applaudis chaque jour de l'avoir laissé au Bois-Roussel ; il faut être plus fort qu'il ne l'est pour servir un maître qui vit comme nous l'avons fait, surtout quand il couche dans la voiture, faute de lit.

Je vous embrasse, etc.

*Rome, 15 juillet 1849.*

Ma chère mère, je vous écris ces deux mots à la hâte, pour vous donner quelques détails sur la journée d'aujourd'hui.

Le *Te Deum*, chanté pour le rétablissement du Saint Père, devait avoir lieu à cinq heures.

Dès midi, les principales rues étaient tapissées, du moins les fenêtres, de tentures de toutes couleurs.

A cinq heures, nous sommes allés à Saint-Pierre. Des soldats remplissaient la basilique, la place, les rues.

De tous les côtés, on a salué et crié *vivat* sur le passage du cardinal et sur le nôtre.

Le général est arrivé acclamé.

Après le *Te Deum*, le cardinal lui a adressé un discours auquel il a répondu dans les meilleurs termes.

En sortant de la Basilique, le général Oudinot a encore été harangué, remercié, fêté et presque étouffé.

Succès complet et inespéré.

La fête a été aussi brillante que sous les papes.

La manifestation est des plus heureuses.

Ce soir, magnifique illumination sur Saint-Pierre.

Je vous écrirai plus longuement une autre fois, il est horriblement tard.

Dans quelques heures nous partons pour Gaëte apporter, les premiers, la bonne nouvelle.

Ici la difficulté va commencer, mais courage, le commencement n'est pas mauvais.

Je vous embrasse.

A dater de ce jour, 15 juillet, la mission de M. de Corcelle commençant réellement, ce récit ne roulera plus dorénavant que sur mes rencontres et pérégrinations, désirant bien établir que si pendant trois mois, j'ai discrétement composé seul le personnel errant de l'ambassade, je ne suis pas toujours resté assis sur un rond de cuir, occupé à copier des dépêches.

---

Je reprends mon itinéraire.

Après le *Te Deum*, célébré le 15 juillet dans la basilique de Saint-Pierre, en honneur du rétablissement du pouvoir du Pape, nous descendîmes, dès l'aurore, le Tibre pour rejoindre, à son embouchure le vaisseau de l'État *le Cerbère*, chargé de transporter mon oncle à Gaëte où résidait le Saint Père.

Dans ce déplacement j'appris que les bateaux font, comme les chevaux, des tête à queue devant les obstacles, le *Fumicino*, unique aviso de l'escadre pontificale, sur lequel nous étions, s'étant présenté la proue en avant pour franchir la barre, puis retourné bout pour bout pendant le passage.

Revenus trois jours après avec le *Cerbère*, nous avons passé de nouveau cette barre, dans le bateau du pilote, qui a directement franchi son rouleau, en nous gratifiant d'un baptême complet.

Mon oncle ne resta que quelques jours à Rome, où il laissait La Tour d'Auvergne. Nous partîmes le 23 juillet pour Gaëte, mais cette fois en poste dans une bonne voiture, passant par Albano, Velletri, les marais Pontins, Terracine, Fondi et Itri.

Je dus, à peine arrivé, rebrousser chemin, et retourner à Civita-Vecchia, chercher ma tante de Corcelle.

Heureusement que, pour tromper les ennuis de la route, j'eus pour compagnon de voyage jusqu'à Rome, le commandant Castelnau.

J'avais vu pour la première fois le commandant Castelnau à la table du général Oudinot, au quartier général de la villa Santucci, devant Rome, en juin 1849.

Le commandant rendait compte de l'expédition qu'il venait de faire à Porto-d'Anzio, où il avait fait rendre les armes à la garnison du fort et de la poudrière.

Sa taille élevée, la vibration de sa voix sonore, sa physionomie à la fois fine et énergique donnaient à son récit un intérêt tout particulier.

Castelnau pouvait avoir trente-deux ou trente-trois ans, il était déjà décoré et passait pour un officier très distingué dans l'état-major.

Quelques semaines plus tard, nous nous rencontrions à Gaëte, tous deux en mission près du Saint-Père. Le retour à Rome, que nous fîmes ensemble, acheva notre connaissance.

Depuis ce voyage, quand j'étais dans la Ville Eternelle, je le voyais à chaque instant, dans le monde, chez lui, chez moi, un peu partout.

Si le commandant était un excellent militaire, il n'était pas un moins fin diplomate. Je me souviens qu'il me disait après le message du Prince-Président Louis Napoléon en 1849 :

« Allons, mon cher Rœderer, il n'est que temps d'élever des aiglons. »

Sorti des premiers de l'école polytechnique, la puissance de son esprit avait résisté aux mathématiques ; il voyait très juste.

Castelnau devint général de division, grand Croix de la légion d'honneur, etc.

Aide de camp de l'empereur Napoléon III,

il lui resta entièrement fidèle. Cependant il ne pouvait taire à ses amis l'amertume que lui avait causée le silence de l'impératrice, quand dînant à sa droite, elle gardait toutes ses bonnes grâces pour son chambellan, le marquis de Caux, placé à sa gauche.

Le général Castelnau ne se contentait pas d'être quelqu'un, les grandeurs ne l'avaient nullement ébloui; il était resté simple, aimable, rempli d'entrain, et toujours de la meilleure compagnie; je ne comprends pas la préférence de sa Majesté.

Tout autre était le général Morris, commandant la cavalerie de l'expédition.

Le général Morris avait été au collége avec M. de Corcelle, il me témoignait la plus cordiale affection ; il avait puissamment contribué à la prise de la Smala d'Abd-el-Kader ; son portrait, très ressemblant, est à Versailles dans le tableau d'Horace Vernet.

Quoique le général ait fait toute sa carrière en Afrique, il était resté franchement gaulois et frondeur.

Il m'écrivait quelques jours avant mon départ de Rome :

Mon cher Ex-Diplomate,

Vous êtes invité à venir manger un dindon avec plusieurs autres..... choses. Peut-être qu'il n'y aura pas de dindon, mais il y aura du bordeaux de contrebande... fameux et en masse.

Dimanche 6 heures ; on peut venir avant et on sera reçu encore mieux, si c'est possible.

Tout à vous de cœur,

Général Morris.

Est-ce assez parisien ?

De contrebande et fameux sont pour moi la révélation du caractère du général, dont je connaissais surtout l'esprit.

Je rencontrais souvent à sa table le colonel comte de Noue, brillant officier ; il montait un superbe cheval arabe alezan brûlé.

Le colonel (depuis général) avait les meilleures formes, buvait sec à l'occasion ; il était raseur comme personne. Je l'ai revu souvent depuis au Jockey-club avec le général marquis de Forton, notre ami commun.

Comme je vous le disais plus haut, j'étais allé chercher votre grand'tante et sa fille Marthe à Civita-Vecchia, laissant mon oncle à Gaëte et très souffrant. A mon retour le 26 juillet, je le trouvai gravement malade.

Nous étions loin des secours de la médecine et nous aurions été fort embarrassés, si l'amiral Tréhouart n'avait détaché auprès de lui le médecin-major du *Cerbère,* M. Thibault.

Dès le premier examen le docteur ne me cacha pas ses inquiétudes, il passait en revue toutes les chances d'accidents qui pouvaient se produire avec l'exagération, je crois, que lui causait sa responsabilité.

Il craignait une perforation de l'intestin et me disait :

« Si j'avais à guérir un simple matelot, je
« n'hésiterais pas à lui administrer tel remède,
« mais avec M. votre oncle, je manque de déci-
« sion. Il me semble avoir devant moi un amiral.

Comme vous pourriez désirer faire connaissance avec le personnel de l'ambassade de France à Rome en villégiature à Mola, je vous dirai que la maison civile et militaire de votre grand'oncle se composait : de sa femme et de sa fille pour charmer ses loisirs, de ma tante Étesse et de son fils pour le distraire, du docteur pour le guérir, de votre serviteur pour faire un peu de tout et beaucoup de n'importe quoi, et de M. Place, venu la veille de mon absence auprès de mon oncle, auquel il était tout particulièrement recommandé par Mgr Dupanloup.

Pour le moment M. Place, avocat du barreau de Paris, cherchait sa voie, et, comme la plupart des jeunes hommes distingués avec lesquels mes fonctions m'ont mis en relation à cette époque, il est aussi arrivé aux plus hautes dignités.

En 1849, M. Place entrait au grand séminaire de Rome. En 1890, au mariage de François de Corcelle qu'il bénissait, Monseigneur Place, Cardinal Archevêque de Rennes, voulait bien me dire qu'il se souvenait d'avoir partagé ma chambre à Mola di Gaëta.

J'espère ne pas manquer de respect à son Eminence en ajoutant ici que je n'ai jamais rencontré un meilleur, ni plus aimable camarade.

Je me rappelle qu'il avait de l'ambition pour moi, qu'il pensait que je serais décoré.

A cet égard, il n'était dans le sentiment ni de l'oncle ni du neveu : le premier n'estimant pas cette distinction à sa valeur, le second lui en accordant, au contraire, une trop grande pour croire qu'il l'avait déjà méritée.

Mola di Gaëta a beau avoir été l'antique Formia, ville des Lestrigons, citée par Horace qui, en faisant l'éloge de ses vins, les compare à ceux de Falerne, le séjour de ce bourg de deux mille âmes n'était pas de nature à nous distraire de nos inquiétudes.

Nous en partîmes sans regrets le 16 août pour aller à Castellamare, où mon oncle devait recouvrer la santé.

Si vous croyez qu'il est facile de transporter un ambassadeur malade et toute sa suite de Mola di Gaëta à Castellamare, puis de l'installer le même jour dans la plus belle villa située dans la montagne; c'est que vous connaissez déjà les ressources dont disposait mon ami, le lieutenant de vaisseau Reynaud, commandant *l'Ariel*, aviso de l'État, mis par l'amiral à la disposition de l'ambassadeur.

Grâce au commandant Reynaud, nous avons accompli ce tour de force.

Le transport de Mola à Castellamare sur

*l'Ariel* était des plus simples, mais il devenait plus difficile pour atteindre, une fois débarqués, la villa Acton située à deux kilomètres sur un chemin trop escarpé pour permettre aux voitures d'y accéder.

Nous formions un cortège imposant, marchant dans cet ordre :

Le commandant Reynaud en avant, monté sur le plus gros âne, escorté de l'indispensable conducteur qui le soigne et le rosse tour à tour.

M. l'ambassadeur venait ensuite porté sur un hamac par huit matelots.

Ma tante de Corcelle, Marthe, ma tante Etesse et son fils, les gens de la maison, tous sur un âne accompagné. Puis les bagages dont le plus petit comme le plus grand, sac ou parapluie, occupait un homme.

Le docteur et moi fermions la marche sur les derniers ânes disponibles.

Au commencement tout allait bien, mais la scène devait changer, quand je voulus régler les frais du cortège. Malgré ma générosité, sans l'assistance des marins de l'*Ariel*, mes finances n'auraient pas réussi à satisfaire les exigences des sujets du roi de Naples.

Une manifestation offensive de notre part les rendit raisonnables.

Vous n'avez pas oublié, mes chers enfants, le voyage que nous avons fait avec votre mère en 1873, de Dinard à Brest, pour aller voir l'amiral Reynaud, mais vous pourriez ne plus vous rappeler avec quelle cordiale effusion sa femme, sa fille et lui nous ont accueillis, je devrais dire recueillis, car pendant les quelques jours passés à Brest, excepté la nuit, nous étions constamment chez eux.

Depuis Gaëte nous étions toujours restés en affectueuses relations, j'avais revu l'amiral à Paris et à Cherbourg, quand il avait conduit le Schah de Perse.

Il voulait me ramener avec lui à Brest où il rentrait son escadre ; malgré la grande envie que j'avais de profiter de cette bonne invitation, il me fut impossible de l'accepter.

Par hasard ce fut heureux, l'amiral ayant mis huit jours au lieu de trente-six heures pour effectuer son retour ; ma famille ignorant que les brouillards étaient cause de ce retard et ne recevant pas de nouvelles, m'aurait cru perdu.

L'amiral était grand et vigoureux ; il avait l'abord sévère ; sa voix, brève dans le commandement, se faisait douce dès qu'il causait, il était fort aimable.

Sa loyauté, sa bravoure, sa bonté jointe à une haute valeur, le faisaient aimer et estimer de tous ceux qni l'approchaient.

Je l'ai retrouvé amiral, comblé d'honneurs, couvert de décorations, aussi simple que je l'avais connu quand il commandait l'*Ariel*.

Dans la dernière lettre que j'ai reçue de lui, il m'apprenait une bonne nouvelle : le mariage de sa fille avec un officier de marine qu'il estimait beaucoup.

Il ne devait pas jouir longtemps de ce bonheur, les suites de ses fatigues, l'âge ou la retraite ayant abrégé ses jours.

Revenons à mes moutons, ou plutôt à mon ambassadeur, qui dorloté, respirant l'air le plus sain du royaume des Deux-Siciles, se rétablit bien vite, au grand profit de sa mission et par contre, au détriment de mes loisirs.

J'étais chargé de tout dans la maison, de la cuisine, et aussi du soin de recopier les dépêches que mon oncle venait de me dicter. Enfin je cumulais !

Ces lettres que j'écrivais à votre grand'mère vous mettront bien au courant de mes occupations.

*Castellamare, 25 août 1849.*

Ma chère mère, j'ai reçu deux lettres de vous, je ne les ai pas lues.

Mon oncle va si bien que, s'il continuait, je tomberais malade ; le jour il dicte, la nuit je copie, cela est énorme.

Heureusement que demain je me sauve à Naples et que je fais quérir au plus vite un de ses secrétaires soldés qui sont moins forts que moi et moins dévoués.

Je vous écris ces deux petits mots pour me soulager, et recommencer demain en riant ce dont je me plains aujourd'hui.

Mon oncle va si bien que je suis ravi, ce qui ne m'empêche pas d'avoir le mal du pays.

Je vous embrasse.

*Castellamare, 4 septembre 1849.*

Ma chère petite mère, vous croyez que je vais répondre à votre lettre ; pas du tout, c'est impossible.

Je n'en ai pas littéralement le temps. Mon oncle qui se porte si bien, me donne, pour me flatter, le nom d'un bateau à vapeur qui vole sur les eaux et m'appelle *Ariel*. Quoi qu'il en soit, je suis très fatigué de ses excès et du tas de lettres qu'il m'a dictées.

Tout n'est pas fini ; il flâne, j'en profite ; mais je sens très bien que le paquebot peut partir et j'en ai la fièvre.

Ma petite mère, j'ai fait la plus grande attention à votre appréciation politique, et vous en parlerai plus tard ; elle est remplie d'idées excellentes, qui ont le tort d'arriver trop tard, de trop loin, et de tomber sur des cardinaux.

Pour Théophile, il est heureux que vous n'ayez pas parlé de lui ; sa position est telle, qu'il ne peut venir avec mon oncle, à aucun titre, sans déchoir.

Puis, je ne vois pas à quoi il serait utile ici.

Mon oncle travaille beaucoup lui-même, se sert de moi pour copier, il ne confie pas volontiers sa part de responsabilité ; il est du reste assez fin sans avoir été en Chine pour jouer les plus malins, avec sa loyauté et sa franchise.

Adieu, ma chère mère, comprenez-vous qu'Hélène soit à Rome et moi à quarante cinq lieues d'elle, sans pouvoir aller l'embrasser, cloué ici par un devoir que j'accomplis bien.

**Je me serre contre votre cœur.**

*Portici, 9 septembre 1849.*

Ma chère mère,

Je vous écris de Portici, où je suis comme un infortuné poursuivi pour dettes, forcé de rester continuellement caché dans une voiture.

Mon oncle est allé voir le Pape à onze heures, puis il voulait retourner à Naples dîner et écrire, puis retourner le même soir à Portici, revoir sa Sainteté et revenir de nouveau à Naples pour y coucher.

Je trouvais ce projet imprudent, parce que sa santé, quoique rétablie, demande beaucoup de ménagements.

Je lui ai persuadé de solliciter, après l'audience de tous les ambassadeurs, la faveur d'une audience particulière qui le dispenserait, si elle lui était accordée, de faire deux voyages à Naples, et lui laisserait le temps de revenir à Castellamare se reposer, dîner et travailler à son aise chez lui.

Mais le résultat de ma combinaison est que, ne sachant s'il obtiendra son audience, au lieu d'aller le rejoindre ce soir, s'il ne l'obtient pas, ou de rester à Castellamare s'il l'obtient, j'ai dû l'accompagner dans cette incertitude.

Je suis, pour récompenser mon zèle, à la porte du Palais, attendant dans un sapin qu'il plaise à Monsieur l'ambassadeur de revenir.

Quelle situation étonnante que la mienne !

Je ne suis rien dans la carrière diplomatique, et cependant depuis mon arrivée en Italie, et surtout depuis deux mois, je suis absolument seul, surchargé d'occupations ; je fais le travail des trois secrétaires ordinaires.

Mon oncle, la veille des départs du courrier, dit toujours qu'il va écrire, puis il attend le dernier moment et dicte alors des heures entières avec une facilité incroyable.

La nuit, je copie.

Ensuite viennent les comptes du ménage, je donne l'argent, chasse ou prends les domestiques.

Tous sont, petits ou grands, à me demander s'ils ont faim ou envie de faire quelque chose.

Ma tante est très bonne pour moi, mon oncle aussi ; je ne me plains que par occasion avec vous, pour me décharger les nerfs et n'y plus penser.

Il est une heure, toute la bande dorée des représentants des puissances étrangères a fui ; je suppose que mon oncle a obtenu son audience de faveur.

Ma chère Hélène est arrivée à Rome depuis le 5. Je sais qu'elle et Maurice vont bien, mais qu'ils ne peuvent venir me rejoindre de suite ; les lois de Naples sont stupides en plusieurs choses et en particulier sur les quarantaines.

Je suis bien privé d'être aussi près d'eux, sans aller les voir, mais je vous le répète, je suis seul ici comme secrétaire, seul en qui mon oncle ait confiance, seul pour tenir la maison et empêcher qu'il ne soit trop volé et très mal servi.

J'ai une furieuse envie de m'en aller. J'étais même décidé à le faire dès mon retour à Rome, mais une petite absence permise, puis reprochée, et surtout l'habitude qu'a mon oncle de m'avoir près de lui, m'ont fait presque rétracter la parole que je m'étais donnée de revenir ramer près de vous les choux de Bois-Roussel.

Je ne vous parlerai pas politique, on pourrait m'arrêter dans ma voiture et prendre prétexte de ma correspondance pour me mettre en prison.

Cependant, je dois dire que mon oncle a exposé au cardinal Antonelli, les dangers qu'il voit sans vouloir les regarder.

Mon oncle lui a montré d'un côté la guerre inévitable, de l'autre la nécessité d'un congrès général pour régler la question romaine, congrès dans lequel toutes les puissances entreraient, même les protestantes et les grecques.

Entre ces deux alternatives, il y avait le chemin libéral, généreux, seul conciliateur, etc.

Le Saint Père est assez de cet avis. Le cardinal a été effrayé. Mon oncle a été éloquent comme un homme vrai, religieux, qui sent vivement ce qu'il dit.

Ici, il pousse sans menaces ; à Paris, il est calme ; il craint la contrainte qui ne vaudrait rien, mais qui est bien compréhensible.

Hier il disait au Pape, à propos de la lettre du Président, qu'il était parti de France en disant qu'il ne violenterait jamais Sa Sainteté, et que si le Pape réduisait la France au désespoir, il se retirerait et serait remplacé par des hommes moins déférents et moins religieux que lui.

Il ajoutait :

« Saint Père, je suis comme une petite lampe sur un écueil, vous pouvez la souffler, elle s'éteindra. »

Le Pape aime beaucoup votre frère, il ne soufflera pas.

Tout ceci est très particulier ; mais je ne crois pas divulguer les secrets de l'État, en vous confiant les nobles sentiments que j'entends votre frère exprimer hautement et partout.

Mon oncle m'appelle, il est trois heures. Cinq heures de faction dans un fiacre ! Nous partons pour Naples et ne revenons pas aujourd'hui à Portici ; c'est toujours cette fatigue de moins pour mon oncle.

Je vous embrasse, etc.

Le désir que j'avais d'éviter à mon oncle, toute fatigue, pendant sa convalescence, me fit un soir tenter et même réussir un enlèvement.

Rassurez-vous sur la gravité du rapt en question, il ne dura qu'une demi heure, et un âne seul en fut la victime. Mais quel âne, quel bel âne !

C'était par une sombre nuit de septembre vers dix heures, nous revenions de Naples à Castellamare sans être attendus, par conséquent sans moyens de transport pour nous rendre à la villa, à deux kilomètres. Pas un véhicule à la gare. Je cours en chercher un sur la place. Elle était vide. J'étais désespéré, quand j'avise dans l'ombre la silhouette d'un baudet superbe.

A sa vue la tentation me domine, je vois rouge, pousse à terre le cavalier, saute sur sa monture que, triomphant, je conduis au galop à mon oncle.

Le temps de mettre M. l'ambassadeur en selle et le conducteur m'avait rejoint : mais devant le fait accompli, il nous suivit, en poussant bien quelques cris que l'on pouvait prendre pour des encouragements adressés à son bourri.

Ce n'est qu'une fois à la casa que je compris l'énormité de mon forfait, en apprenant de cet homme, qu'il venait de reconduire à la gare son maître le marquis de Villa-Marina, quand je m'étais emparé de son âne, qui n'était nullement à vendre ou à louer comme je le lui demandais.

Je lui en exprimai mon regret, lui remis un ducat et la paix fut faite.

Malgré mon remords, je recommencerais à l'occasion.

Le représentant de la France près le Saint-Siège avait un rôle bien difficile à remplir, placé, comme il était, entre le pressant désir de son gouvernement de voir le Pape rentrer dans ses états, en octroyant, comme prix de l'occupation française, une constitution libérale; et les lenteurs du gouvernement pontifical à accorder un régime qui l'avait déjà conduit à la république. L'ambassadeur, semblable en cela au satyre de la fable, s'efforçait de souffler le froid en France, le chaud à Gaëte.

Mon oncle sentait qu'il devait rester près du Pape pour lui continuer ses excellents conseils; mais il devait aussi passer quelques jours à Rome pour terminer plusieurs affaires en retard, et régler le service du personnel de l'ambassade, dont La Tour d'Auvergne venait d'être nommé secrétaire.

Cette situation causait une incertitude continuelle dans ses projets. Ainsi nous devions quitter Naples pour Rome le 1ᵉʳ septembre, et nous ne nous mîmes en route que le 16, le jour même où ma sœur, lassée de m'avoir attendu trois semaines à Rome, se décidait à venir à Naples, où je semblais devoir m'éterniser.

Comme le télégraphe électrique n'existait pas en 1849, que le service de la poste était mal fait, nous fîmes un chassé-croisé pendant lequel nous nous rencontrâmes, par le plus grand des hasards, à mi-chemin dans la montagne, entre Fondi et Itri.

Mais n'anticipons pas sur les événements.

Au moment de quitter Castellamare, je serais ingrat si je n'exprimais ici les regrets de toute notre colonie, quand ma tante Etesse retourna en France, vers la fin d'août.

Je voyais en elle un reflet de ma mère et cette image doublait la peine que me causait son départ.

La correspondance que nous échangeâmes quelques jours après vous fera comprendre la confiance entière qu'elle avait dans mon affection, et celle qu'elle voulait bien me témoigner en retour.

*Castellamare, le 3 septembre 1848.*

Ma chère petite tante,

Je vous aime trop pour vous envoyer la lettre de maman sans y joindre un petit mot d'affection pour vous.

Vous savez par ma tante de Corcelle, toutes les excursions de mon oncle. Sa santé est excellente, il est allé à Sorrento, à Naples. La tête est très bonne pour les affaires, et s'il n'avait abusé de mes forces, je vous dirais tout le plaisir que j'ai pris à savoir votre manière de conquérir tous les cœurs, même à l'étranger. Lysimaque m'a fait part des noms des chevaliers qui vous suivent en France.

Nous avons un nouveau cuisinier bien meilleur que l'autre. La maison est sur un fameux pied.

Je suis très résigné, heureux des bonnes amitiés que me témoignent ma tante et mon oncle.

Maurice et Hélène sont en quarantaine à Rome, j'ai bien résisté au grand désir que j'avais d'aller les embrasser.

Aujourd'hui, j'ai eu le mérite de refuser l'offre que me faisait mon oncle de me faire nommer attaché payé à Rome en remplacement de M. X...

Je reste fidèle à mes principes : rien pour moi.

Que mon oncle ne perde pas pour si peu sa réputation de puritain.

Je reste libre et au-dessus des autres, je ne me plains pas et ne suis pas à plaindre.

Veuillez agréer etc.

Mon très aimable Pierre,

Tes quatre mots m'ont été au cœur.

Maurice et Marie y ont également puisé un souvenir très sensible, qu'ils te renvoient entortillé de choses si affectueuses que je les engage à parler eux-mêmes. C'est le projet de Marie, si nous avons de la place.

Je suis revenue si pénétrée de l'efficacité de ton secours en tous genres, de ta vie utile et bénie par tous les cœurs de la famille, que ma narration a été réjouir ta mère, et par cascade, j'ai été heureuse de lui avoir envoyé ce bien.

Figure-toi que je touchais à la joie de la voir ces jours-ci. Mais il faut y renoncer par excès de précaution pour la petite Hélène qui a subi une légère influence de cholérine à Menilles.

Je n'ose insister, mais suis désolée.

C'est très piquant de ne pas savoir les noms des chevaliers dont j'ai séduit le cœur. L'habitude m'en est si bien passée que je ne m'en étais pas aperçue.

Tu te moques de ta vieille tante, vilain Pierre, mais c'est égal, je suis bien aise de te dire toute la bonne grâce de M. de La Tour d'Auvergne.

Je le trouve après toi le plus charmant des jeunes diplomates. Sous vos pieds je mets l'important XX, l'excellent Z.

Grâce à tous, les attentions ne m'ont pas manqué à la Minerve, et j'ai vu beaucoup de choses.

Mes compagnons de la mer étaient du meilleur choix, la traversée a été très agréable.

J'ai revu la France avec enthousiasme. Rien ne la vaut, mais je ne veux pas réveiller en toi ces élans vers la patrie qui me faisaient tant peur. J'ai encore présents les nuages qui passaient sur ton front ; puis je me rassure en me souvenant de leur court passage et des raisons de cœur qui te les faisaient dominer.

Il me revient de Mélanie sur toi des merveilles, sur le bien que tu fais à tous. Je t'envoie ma part d'actions de grâces.

Me réjouissant de la bonne réunion avec la chère Hélène, dis-lui que je ne cesse de rabâcher sur sa mauvaise chance avec elle. J'attends à Lucenay mon dédommagement.

Marie sera charmée de sa bonne visite ; ne pourriez-vous m'écrire votre vie l'un ou l'autre :

Hélène va-t-elle en corricolo, prend-elle des bains, voit-elle la princesse ? le docteur vous a-t-il quittés ? rappelle-moi à lui.

Je donne des commissions à Marthe. Veille à ce qu'elle ne les oublie pas. Marie tient beaucoup au petit rien qu'elle demande, et cela court les rues à Naples.

Adieu, cher Pierre. *Volete dar mi la mano gratia caro Pietro.*

De Corcelle Etesse

Comme en quittant Mola de Gaëte pour aller à Castellamare, nous y avions laissé notre chaise de poste, le complaisant *Ariel* se chargea de nous y reporter.

Le 26 septembre, nous montâmes à bord vers dix heures du soir par un temps magnifique.

La nuit était profonde, la mer unie et calme comme un lac; cependant, tant que nous fûmes dans les eaux du golfe de Naples, le commandant Reynaud veilla sur le pont, ralentissant la marche de son bâtiment, dans la crainte de couler une des nombreuses barques de pêche qui le sillonnent.

Une fois le détroit de Procida franchi, la voie étant plus étendue et moins fréquentée dans le golfe de Gaëte, Reynaud laissa courir l'*Ariel*, et, nos cigares éteints, nous descendîmes nous reposer tout habillés sur les divans du salon.

Il y avait à peine une heure que nous avions quitté le pont, qu'un fracas épouvantable, des cris furieux nous y firent promptement remonter.

Au premier moment je crus à une attaque

de pirates, et je les voyais m'emmenant captif aux rivages du Maure (comme dans la romance).

Il n'en était rien ; ces brigands étaient les matelots d'un bâtiment que nous avions abordé, dont la voilure restait accrochée dans nos huniers.

Ces dix-huit personnages poussaient des cris furieux, et gesticulaient comme des Napolitains.

Le commandant ayant mis le holà parmi ces braillards, les fit remonter sur le bateau, après s'être assuré qu'ils étaient au complet.

Il donna l'ordre de nous dégager d'eux et de reprendre notre route. Ce qui fut fait, mais eut pour résultat immédiat de laisser couler à pic le bateau des Italiens.

Cette fois ils ne poussaient plus de cris, ils nageaient autour de l'*Ariel* où tous, grâce au calme plat de la mer, furent recueillis à bord.

L'incident semblait terminé, l'*Ariel* allait reprendre sa marche, quand, au milieu du silence de la nuit, nous entendîmes des cris de détresse inoubliables.

Bien que la baleinière eût été mise à la mer en un instant, cette manœuvre me parut durer un siècle, et mon anxieté ne cessa qu'après avoir vu, quelques minutes après, le naufragé qu'elle ramenait, repêché sur une épave de son navire.

Grâce à Dieu, ce petit drame ne finit pas d'une façon tragique.

Le Roi de Naples seul en fit les frais, le bateau de cinquante tonnes qui venait de couler appartenant à ses douaniers, qui avaient caché leurs feux pour surprendre l'*Ariel*, le prenant pour une barque de contrebandiers.

Quand, reconnaissant leur erreur, ils démasquèrent leurs feux, il était trop tard pour éviter une collision.

Débarqué à Mola, après avoir serré la main du commandant Reynaud et lui avoir donné rendez-vous dans quelques jours à Naples, je fis immédiatement atteler les chevaux, désirant arriver le soir à Rome, assez tôt pour voir ma sœur ; et puisque, mieux informés que je ne l'étais alors, vous riez sous cape de la surprise qui m'attendait entre Itri et

Fondi, je me dispenserai de vous peindre mon étonnement de rencontrer par hasard votre oncle et votre tante de Barberey, sur la grande route, ma joie de les embrasser et le chagrin de continuer mon chemin en sens inverse du leur. Vous pouvez juger avec quelle diligence je cherchai dès le lendemain un appartement pour M. l'ambassadeur, et ma satisfaction en signant un bail avec le propriétaire du Palais Simonetti.

Le Palais loué, l'ambassadeur en possession de trois secrétaires, d'un chancelier etc., etc., je me croyais libre de retourner de suite à Naples ; mais mon oncle m'ayant dit de l'attendre, je patientai inutilement huit jours, après lesquels je lâchai mon amarre, pour rejoindre votre oncle et votre tante de Barberey.

Je fis ce voyage avec le consul du Mexique M. de Paris, lui, emportant des valeurs considérables ; moi, les joyaux de la princesse Dolgoroulki.

Quoique nous fussions partis de grand matin, que nous eussions grassement payé les postillons, nous arrivâmes seulement à la nuit close pour coucher à Mola, heureux de n'avoir fait aucune mauvaise rencontre dans ces parages mal famés.

Ma mère ayant cru voir, dans la satisfaction d'être libre, des symptômes de découragement, je m'empressai de la rassurer.

*Naples, 29 septembre 1849.*

Ma chère mère,

Je vous remercie de toutes les aloses que vous bien voulez me donner, mais je ne suis pas plus bête qu'un autre, je vois passer le bout de l'oreille sous les compliments.

Vous craignez que je ne finisse par m'ennuyer et que, ne sachant me dégager honnêtement, je ne fasse un coup de tête.

Détrompez-vous, ma chère mère, je suis au mieux avec tous et ne ferai jamais rien qui ne soit digne de votre assentiment. Je compte avant peu quitter l'emploi et revenir prendre auprès de vous celui qui me convient le plus.

Ma mère répondit à cette lettre :

*9 octobre 1849.*

Malgré que tu ne sois pas plus bête qu'un autre, tu t'es trompé, mon cher fils. Je ne t'ai pas fait de compliments pour t'embobiner. Je n'avais pas en ce moment l'idée et la crainte d'un coup de tête. Je l'ai eu plus tard, parce que tu m'en avais écrit ; mais à ce moment où ta modestie cherche un prétexte à ma louange, je n'avais, mauvais devin, d'autres motifs de les donner, que celui de les sentir.

Tes tantes m'avaient mise en train et ta lettre du fiacre aurait suffi ; et encore les autres et celles d'Hélène.

Aussi prends ton parti, cher fils, je ne changerai pas, mon sentiment n'est pas une combinaison.

Je le goûte avec un grand bonheur dont je remercie Dieu.

Je réponds à ta lettre, celle-ci te trouvera-t-elle encore ?

Je ne sais et ne m'en inquiète pas, d'après tes bonnes assurances sur l'opportunité de ton retour.

Je n'en suis pas pressée et tu sais mes raisons ; mais j'en jouirai, comme tu peux penser aussi.

Que nous allons avoir un bon moment, cher enfant, tous les oiseaux rentrent au nid.

Régine me semble avoir dû partir enfin ; sa dernière lettre du 27 me disait que leurs places étaient retenues.

Nous allons tous bien, la petite et Claude en particulier, l'harmonie est parfaite entre eux.

Je t'embrasse, etc.

Si j'avais eu le mauvais goût de me croire chargé de reliques, ce ridicule orgueil aurait trouvé de suite sa juste punition, comme vous le verrez dans la suite de ma correspondance avec votre grand'mère.

*Rome, 20 octobre 1849.*

Ma chère mère,

Je vois d'ici tout le bonheur qui vous entoure dans votre Bois-Roussel et j'ai le sentiment que je manque dans ce tableau de famille ; mais que voulez-vous, tout en grognant et regrettant profondément, je ne dirai pas seulement vous et les nôtres, mais encore mon chien, mon cheval, ma chambre, mon chez moi, ma liberté enfin, je ne puis me décider à partir de suite.

Je suis revenu de Naples, il y a huit jours ; mon oncle m'a fort bien reçu, me boudant très aimablement de mon long séjour à Naples, comme si je ne l'y avais pas attendu indéfiniment.

Il paraît qu'il n'admet pas de ma part le désir de m'en aller; il en a parlé à La Tour d'Auvergne, qui lui exprimait sans que je lui en aie rien dit, mais avec son tact habituel, que le métier que j'avais fait pouvait me lasser, que peut-être pour mes propres affaires il serait utile que je retourne en France.

Mon oncle lui a demandé si je lui avais parlé dans ce sens, et sur sa réponse négative, il lui dit que je n'avais rien de mieux à faire que de rester à Rome, que ma mère et mon beau-frère se chargeraient de mes intérêts.

Je pense que mon oncle veut me garder parce qu'il est accoutumé à ma figure. Mais cette pensée de ma part est une erreur, mon oncle veut me garder parce qu'il m'aime et sait que je le lui rends bien.

Depuis un mois mon oncle est sevré de son secrétaire particulier. Je me suis mis entièrement de côté; je ne fais plus rien ou presque rien, pour ne pas blesser les gens en place et payés, qui ont droit au travail.

Je n'ai pas parlé à mon oncle du désir que j'ai de retourner au Bois-Roussel; j'attends une bonne occasion.

Ma tante ne comprend pas mon impatience, elle est avec son mari et sa fille, entourée d'hommes politiques, elle est satisfaite.

Elle m'a dit l'autre jour, sans doute par distraction, que Théophile lui avait écrit ceci :

« Pierre est devenu un grand diplomate, vous l'avez formé, ma chère tante, il ne voudra plus nous tuer des cailles pour faire des pâtés. »

Interprétez le compliment comme vous voudrez, je me fiche du propos.

J'ai bien conscience de ce que je suis, de mon mérite comme de mon incapacité ; mais comme je suis sans prétentions, je suis passable.

Plus tard, je devais retrouver le pendant de cette impression au sujet de la révélation de mes modestes talents, dans cette phrase de la correspondance intime de mon oncle avec M. de Tocqueville, ministre des affaires étrangères, correspondance que mon oncle m'avait prié de lui recopier.

« Croiriez-vous que mon neveu Pierre Rœderer m'est sérieusement très utile ? »

Ma mère pêchait en ma faveur par l'excès contraire.

La compensation qui en est résultée reste tout entière à mon avantage, d'autant plus que les critiques étaient bien innocentes. Je le reconnais avec plaisir.

Néanmoins, je mettrai de côté toute modestie en vous citant plusieurs passages des lettres de ma mère, heureux que je suis d'y retrouver le précieux témoignage de sa satisfaction.

*22 juin 1849.*

Quel bonheur me donnent tes lettres, mon cher fils. Je reçois la seconde et la première ne m'a pas quittée.

Je voudrais que tu sois caché pour entendre les exclamations qu'elles inspirent, lorsque je vais partager ma joie avec ta tante et Marthe.

« Que Pierre est aimable, on ne l'est pas plus. Comme il vous met au courant. Quel bonheur qu'il soit avec papa !

« Je n'ai plus d'inquiétude depuis que je le sais là.

« Vous devez en être charmée, Joséphine, car ses lettres sont charmantes. »

Et en effet je suis ravie.

Quelle différence d'apprendre de toi tout ce qui peut m'intéresser.

Comme tu es aimable de si bien raconter tes aventures personnelles, tes impressions. Je suis heureuse de les partager. Ta bonne lettre me donne toute satisfaction.

Encore une charmante lettre hier, mon bon fils; tu gâtes, tu embellis mes journées de la manière la plus aimable, je ne puis me plaindre de ce fiacre qui m'a été si favorable.

Cher enfant, comme je comprends tes aspirations de cheval sauvage vers la forêt.

Tu entremêles ton tableau d'occupations si graves, si importantes et si bien accomplies, de mots pour ta petite et tes champs maternels, qui te peignent.

Figure-toi, mon bon fils, que je comprends tout et partage tout avec bien du bonheur.

J'ai beau être ta mère, je ne saurais me composer un air de modestie, et au lieu du mot du pays, vous me donnez plus d'aloses que je ne mérite ; à tous ceux qui loueront mon fils, je dirai : « Vous ne savez pas encore tout ce qu'il vaut. »

Je m'arrête tout ému devant l'expression de la tendresse exquise de la meilleure des mères, désirant aussi vous laisser intacte la satisfaction de lire sa correspondance entière.

Le 26 septembre, j'avais enfin retrouvé à Naples ma sœur et votre oncle de Barberey, ma tante de Corcelle et Marthe.

J'avais un congé !

Aussi ne songions-nous qu'à nous distraire.

Le jour, nous visitions les monuments, les musées, les palais, les promenades et les environs.

Nous allions à l'heure élégante sur le quai de Ste Lucie manger des *frutti di mare* que je voyais récolter devant mes fenêtres par d'infatigables plongeurs.

Le soir nous retrouvions soit chez Madame de Rayneval, soit chez ma tante de Corcelle, chez la princesse Dolgorouki ou à l'Opéra, le commandant Reynaud, Charles Baudin, M. de Ségur, secrétaires de l'ambassade de France, le comte de La Tour, le chevalier Michaud attachés à la légation sarde, O'Meager, irlandais fort aimable, avec lequel je faisais du sport nautique.

Tous les membres de cette société s'entendaient à merveille et se réunirent pour faire une excursion de plusieurs jours, tantôt à âne, en corricolo, en chemin de fer et en bateau, visitant Pompeï, Sorrento, Ravello, Amalfi, Salerne, Pestum et ses temples, Capri et sa grotte d'azur, dans laquelle on trouve un lac bleu où tout ce qu'on y plonge paraît argenté.

Nous amassions chaque jour de nouveaux souvenirs, attendant en vain M. l'ambassadeur, retenu à Rome par les exigences de ses hautes fonctions.

Ma tante, ennuyée de cette séparation, partit la première le 7 octobre ; mon frère et ma sœur retournèrent en France le 14 et je restai seul jusqu'au 20; ne voyant rien venir, je pris à mon tour le chemin de Rome.

J'y étais les bras croisés, sur le point de demander un congé définitif, lorsque, le 10 novembre, le changement du ministère en France modifia cette résolution, et mon oncle désirant, avant de terminer sa mission, m'emmener avec lui quand il irait prendre congé du Pape, je l'attendis.

Quelques lettres écrites à cette époque, intercalées dans ce récit, remplaceront avec avantage des notes indispensables sans elles.

*Naples, 19 octobre 1849.*

Ma chère mère, je quitte Naples demain pour aller retrouver mon oncle à Rome, d'où il ne peut pas sortir.

Voici bientôt un mois que je l'attends ; Hélène étant partie, je m'ennuie et vais tâcher de revenir auprès de vous.

Ma tante étant à Rome pour les soins de l'âme et du corps, les secrétaires pour les besoins de l'esprit et de la plume, mon rôle se trouve fini, et du moment où je ne suis plus que simplement agréable, comme j'ai la certitude de l'être bien plus pour vous, je lâche la corde et me sauve.

Une seule cause pourrait me déterminer à rester. Le prochain retour du Pape, ou le départ de mon oncle pour la France, d'ici à un mois. Je dirai aussi que si mon oncle avait besoin de moi, je mettrais de nouveau tout mon dévouement à son service.

Je quitte Naples avec regrets.

J'y laisse de bons souvenirs, d'excellentes connaissances.

C'est très remarquable de voir le nombre de gens aimables et bienveillants que j'ai rencontrés depuis mon départ.

Il n'y avait que l'état-major du général Oudinot capable de ne pas estimer mon amabilité.

Il est vrai que l'on m'y prenait pour un diplomate.

Je vous embrasse, etc.

*Rome, 10 novembre 1849.*

Ma chère mère, que vous dire, que penser? Il vaut mieux se taire. Seulement soyez instruite que, personnellement, votre frère n'a aucun ennui, qu'à côté du regret de ne pas terminer une mission aussi bien commencée, il trouve sa conscience bien libre.

On ne peut regretter le retard du retour du Pape d'une manière absolue, quand le gouvernement, par des changements aussi brusques que le dernier, peut d'un moment à l'autre mettre sous ses pieds la politique qui aurait amené le retour de sa Sainteté à Rome. Nous ne savons pas grand'chose, le changement de ministère, rien de plus.

Je ne fais plus que me promener, voir la ville de Rome.

J'attends encore un ou deux courriers, j'accompagne mon oncle à Naples, prendre congé du Saint Père et je rentre.

Je suis assez gai depuis que je suis certain de revenir, le vague me tuait.

Sans aimer le nouveau cabinet, je ne regrette l'autre que très relativement.

Je suis assez content que l'abcès soit ouvert; un peu plus tôt, un peu plus tard; les plus grands malheurs ne me surprendront pas.

Je vois la conduite des modérés si bien indiquée, comme nous menant droit et en trois ans, constitutionnellement, mais sûrement et prudemment dans le gouffre du socialisme, que je n'attends rien que du hasard, ou d'un coup de tête quelconque, de qui voudra.

Mon oncle va très bien, ma tante aussi, elle est dans son élément, elle politique.

Marthe est charmante, tout le monde le trouve.

Votre frère est très aimé et bien estimé. Il respire le vrai et la dignité. Je suis heureux de la bonne amitié qu'ils ont pour moi.

Je vous embrasse, etc.

Dans les premiers jours de décembre, je fis, seul avec mon oncle, le déplacement de Portici, qui reste dans ma mémoire comme l'époque la meilleure, la plus heureuse de tout mon séjour en Italie.

J'étais touché et reconnaissant de la satisfaction que me témoignait mon oncle de m'avoir près de lui.

De son côté, sa nature poétique, délivrée des soucis, apanages de la politique, avait repris le dessus. Il était animé du plus aimable entrain.

Il voulut revoir Castellamare où il avait recouvré la santé, visiter à Sorrento l'endroit où naquit le Tasse, il voulut monter dans la maison de Diomède, descendre dans les fouilles d'Herculanum et faire l'ascension du Vésuve, pour s'assurer que son cratère fumait encore sous l'épaisse collerette de neige qui l'entourait.

S'il n'avait été en deuil, je l'aurais conduit à San Carlo voir un ballet, bien convenable, la pudeur du Roi ayant infligé aux danseuses le port de petits caleçons en soie vert-pomme.

C'est à Portici que je devais trouver le couronnement de ma carrière diplomatique, Sa Sainteté le Pape Pie IX ayant daigné me remettre un superbe camée, représentant son auguste visage, et accompagner la remise de ce présent royal, de ces bienveillantes paroles restées gravées dans mon cœur :

« Mon fils, je sais que vous avez beaucoup travaillé pour le service du Pape avec notre cher ambassadeur, je veux vous en récompenser, et vous empêcher d'en perdre le souvenir en vous donnant le portrait du Pape. »

La grâce avec laquelle le pape Pie IX accordait ses bienfaits en doublait le prix. Rempli d'émotion devant une si grande bonté, je ne trouvai de meilleure manière d'exprimer ma reconnaissance, qu'en sollicitant une nouvelle faveur : la bénédiction du Saint-Père.

# ÉPILOGUE

Mon rôle de secrétaire d'ambassade devait finir comme il avait commencé, par un impromptu.

Le 10 décembre 1849, je rentrais à Rome venant de Portici, avec mon oncle.

Je me trouvais bien récompensé de l'avoir attendu pour faire ce voyage, par la bonté du Pape à mon égard, les marques d'affection et de satisfaction de mon oncle, et je comptais ne pas me séparer de lui avant son départ pour la France, lorsqu'un incident de fort peu d'importance en décida autrement.

Quand nous arrivâmes vers dix heures du soir à Rome, j'appris avec surprise qu'une partie de l'appartement dans laquelle se trouvait la chambre que j'occupais à l'ambassade avait été rendue.

Mon oncle, très contrarié de cet oubli, voulait

me faire faire un lit dans le salon. Cela était difficile, le lit manquait. Je le remerciai et fus en chercher un à l'hôtel.

J'avais retrouvé ma cage fermée par mégarde. Je ne cherchai plus à y rentrer.

Le lendemain, j'allai me mettre à la disposition de mon oncle en qualité d'externe et pris gîte chez mes amis du siège : Delahante et Duval, avec lesquels j'ai fait le meilleur et le plus agréable ménage pendant les cinq semaines que j'ai passées avec eux, en attendant le retour du Pape, que l'on espérait tous les jours.

Mon oncle était retourné en France le 15 décembre.

Voici mes deux dernières lettres à ma mère, datées de Rome.

*Rome, 19 décembre 1849.*

Ma chère mère,

Je vous écris de Rome où vous ne me croyez plus depuis longtemps. J'y suis cependant encore. Je profite de ma liberté pour tout revoir avec soin, hier j'ai failli aller en Sicile avec Baudin, mais il ne va qu'à Florence et je pense l'accompagner.

Nous partons en voiture et explorons la route comme de vrais Anglais. Nous revenons à Rome que je visite de fond en comble, puis je remonte vers vous.

Je suis très satisfait de mon installation avec deux amis très aimables, Duval et Adrien Delahante.

Nous avons un domestique et un cordon bleu; Delahante s'occupe de ses affaires, Duval se promène toute la journée avec moi.

Nous vivons très simplement, comme il convient de le faire en République, ce qui m'empêche pas notre salon d'être un des plus agréables et des plus répandus de la ville.

D'après mes prévisions, je serai à Rome le 5 janvier et, dix jours après, je repartirai.

On parle beaucoup du retour du Pape, ce serait une jolie manière de terminer mon voyage que d'assister à sa rentrée.

Je vous embrasse de tout mon cœur.

*Rome, 31 décembre 1849.*

Je ne veux pas laisser passer une occasion sans vous écrire, quoique je n'aie rien de nouveau à vous raconter.

Je suis toujours dans la même indécision sur le jour de mon départ.

On parle constamment du retour du Pape, et je vois en même temps faire des choses qui ne servent qu'à irriter les esprits et à retarder ce retour.

Ainsi, par exemple, on vient de faire prévenir quatre-vingt douze personnes que, considérées comme chefs de corps, elles étaient privées du bénéfice de l'amnistie.

La réaction commence, et ces faits font la plus mauvaise impression. Mon oncle avait dans le temps fait réduire cette catégorie au chiffre de neuf; tout le monde le savait ; aujourd'hui, après trois mois, on revient sur ce que l'on a fait.

Ne croyez pas qu'il y ait de bonnes violences, bien déterminées et utiles : non.

Ici on ne dit pas prison ou exil, les cardinaux se contentent de vous faire prévenir que vous êtes privés du bénéfice de l'amnistie.

On n'a, après cet avertissement, que le temps de se sauver. Les malheureux ne savent que faire.

La Banque Romaine est traitée de la même façon, le gouvernement veut la faire périr parce qu'elle n'a pas pu résister à la République et qu'elle lui a prêté de l'argent. Ici on disait la banque morte.

Le gouverneur est allé à Portici, là comme toujours de bonnes paroles ; mais rien n'est terminé et en attendant le jugement de Sa Sainteté, la banque se meurt, ne pouvant fonctionner sur des éventualités.

Il se passe des choses d'une bêtise odieuse.

Un Romain qui, depuis le rétablissement du pouvoir pontifical, était replacé, ami du ministre actuel des finances, va lui faire une visite, et reçoit avis de son ami le ministre qu'il le destituait et le prévenait qu'en sa qualité d'ancien chef de corps, il était privé du bénéfice de l'amnistie.

Or vous saurez que ce malheureux chef de corps sous la république était chef de quarante marins du royaume, que de plus il avait facilité l'entrée des français à Civita-Vecchia, et avait décidé les autorités de la ville à se rendre sans combat.

Il a, de plus, le certificat de cette conduite signé par l'aide de camp du général Oudinot.

Au milieu de ce désordre moral, que je déplore, je n'en continue pas moins à voir mes églises et mes tableaux.

Je suis allé à Tivoli, les cascades sont superbes ; en somme ce pays est admirable.

Si Sa Sainteté revient, ou plutôt ne revient pas d'ici à huit jours, je serai, malgré mon désir de la revoir, obligé de quitter ses États.

Un de mes compagnons, guéri maintenant, a été souffrant au moment de partir pour Florence. Je suis resté à Rome, que je quitterai le 10 pour rentrer en France par Florence, Gênes, Nice.

Je suis allé chez le général, on parle un peu du retour du Pape; si cela se confirmait, je resterais pour assister à sa rentrée.

Je vous embrasse.

Lassé d'attendre le retour du Pape, qui ne revint à Rome que le 12 avril 1850, je repris par terre à petites journées le chemin de la

France, visitant à mon aise Florence, Sienne, Pise et Gênes, m'arrêtant quelques semaines à Hyères, pour ne revenir à Paris qu'avec les premiers rayons de soleil.

En arrivant, je trouvai deux aimables lettres du comte de Rayneval et de Baudin, ainsi que la décoration de Pie IX, que je n'ai pas plus demandé l'autorisation de porter, que celle de Saint Sylvestre qui m'est advenue d'une façon encore plus fortuite.

*Naples, 7 mai 1850.*

Mon cher Rœderer,

Vous avez été trop fatigué cet été pour n'être pas récompensé. Le cardinal Antonelli vient de m'adresser pour vous la décoration ci-jointe. J'espère que vous la recevrez avec plaisir.

Je suis heureux d'y être pour quelque chose. Vous m'avez inspiré des sentiments très sincères dont j'aurai toujours le plus grand plaisir à vous donner quelque preuve.

En attendant, je me recommande à votre bon souvenir et vous renouvelle l'expression de mon bien sincère attachement.

*Signé :* DE RAYNEVAL.

Le comte de Rayneval était un diplomate de l'ancienne École, doublé de l'homme du monde, le plus affable et le plus distingué.

*Naples 12 mars 1850.*

*Dilecte fili*,

Je ne veux pas laisser partir cet insigne, sans vous adresser mes félicitations, et vous dire une fois de plus combien vous êtes regretté ici de tout ce qui vous a connu.

Les sentiments que vous exprime M. de Rayneval sont sincères, et je suis garant de ceux que témoignent tous les jours devant moi Michaud, La Tour et l'aimable princesse Dolgorouki, dont je ne me console pas d'avoir fait si tard la connaissance.

Je ne vous parle pas du bon Raynaud, il vous porte un attachement dont vous ne pouvez pas vous douter. Ce brave garçon nous a quittés il y a deux jours, et vous allez le revoir à Paris. Les regrets qu'il nous laisse sont sincères.

Nous nous étions si bien faits à le voir tous les jours, à le considérer comme un de nous, que nous ne sommes pas encore faits à son absence.

Je ne vous parle pas de Naples où vous ne connaissez pas grand monde. Ma vie est toujours la même, légation le matin, Bivona le soir.

Adieu, mon cher Pierre, je voudrais vous avoir encore ici. Les sentiments que j'ai conservés de notre intimité de quelques mois sont ceux d'une vive et solide affection. Conservez-moi celle que vous m'avez montrée et sur laquelle j'aime à compter.

Mon frère me dit tout le plaisir qu'il a eu de vous voir à Hyères et regrette qu'il ait été aussi court.

CHARLES BAUDIN.

Ma famille était très liée depuis longtemps avec celle de l'amiral Baudin ; aussi dès que se fit ma connaissance avec ses fils, elle devint bien vite de l'intimité, surtout avec Alphonse que les grandeurs de la diplomatie n'appelèrent pas, comme Charles, dans des pays éloignés.

La restauration du Pape dans ses états, due entièrement à l'initiative du groupe des catholiques libéraux de la Chambre de 1849, dont mon oncle de Corcelle était un membre des plus fervents, fut-elle de longue durée ?

Hélas non ! Et je terminerai ce récit en mettant sous vos yeux les principales étapes parcourues par le pouvoir temporel avant d'en être réduit au Vatican.

Vous vous souvenez que Pie IX, élu pape en 1846, inaugura son pontificat en accordant l'amnistie pour les délits politiques, en établissant la liberté de la presse et en créant une représentation nationale sous le nom de Consulta.

A cette époque la guerre entre le Piémont et l'Autriche venant d'éclater, répandit la plus grande agitation dans toute l'Italie, et causa le meurtre du ministre du Pape, Rossi qui, luttant contre les révolutionnaires, fut assassiné sur les marches de la Consulta.

A la suite de ce crime, l'émeute éclata dans Rome, la République fut proclamée et le Pape alla demander asile au Roi de Naples.

Le 12 avril 1850, le Pape rentra triomphalement dans Rome.

Fortement sollicité par le gouvernement français de continuer les réformes qu'il avait entreprises en 1847, le souvenir des cruels événements qui étaient résultés de leur application lui imposa la plus grande prudence, avant d'en consentir de nouvelles.

Il me semble même très probable qu'à partir de ce moment Sa Sainteté ait abandonné au cardinal Antonelli, son secrétaire d'état, le soin des affaires se rattachant à la politique et à la diplomatie, se réservant surtout les questions religieuses, notamment, la définition de l'Immaculée Conception en 1844, la publication de l'Encyclique en 1864 ;

En 1869, l'ouverture au Vatican d'un Concile œcuménique dans lequel furent proclamées la pleine puissance du Pape dans l'Eglise, et l'infaillibilité de ses jugements solennels.

De son côté, le roi de Piémont délivré, grâce à l'appui de nos armes, de la domination autrichienne, devint roi d'Italie, au détriment des duchés de Toscane, Parme, Modène, et d'une partie des États de l'Eglise.

Vainement le général de Lamoricière tenta de les défendre ; les vaillantes troupes qu'il conduisit au combat, accablées par le nombre, succombèrent à Castelfidardo et il ne resta au Pape que Rome, Civita-Vecchia et quelques petites places occupées par des garnisons françaises.

En 1866, l'armée pontificale, secondée par les troupes françaises, repoussa à Mentana une invasion de Garibaldi et ce n'est qu'en 1870, après la retraite de nos troupes, que, le 20 septembre, l'armée du roi d'Italie, après un court combat, s'empara de Rome érigée en capitale de l'Italie, le jour où prenait fin le pouvoir temporel des Papes, constitué par Pepin le Bref et Charlemagne.

**PARIS-AUTEUIL**
IMPRIMERIE DES APPRENTIS ORPHELINS.
Rue La Fontaine, 40.

www.ingramcontent.com/pod-product-compliance
Lightning Source LLC
LaVergne TN
LVHW020949090426
835512LV00009B/1788